APOLOGIE
AV ROY.

A PARIS.

M. DC. XXVI.

APOLOGIE

AV ROY.

SIRE,

COMBIEN que mes infortunes me fassent recourir à voftre pitié, mon innocence a quelque droict de foliciter voftre Iuftice, mes aduerfitez me laiffent encore affez de iugemēt pour me faire taire, fi ie n'eftois contraint de parler à V. M. qui ne me refufera point cefte grace, puis qu'au fort de ma captiuité ma voix a toufiours eu de l'accez enuers Dieu. C'eft luy, SIRE, qui m'a vifiblement arraché des abifmes où m'auoit precipité la calomnie, & fans offenfer fa Iuftice, ie ne puis attribuer ma deliurance à la faueur des hommes, puis qu'il a daigné m'efprouuer, il a monftré qu'il auoit foin de moy, & cefte efpreuue eft vne marque de fon amour, qui laiffe de la gloire à mon affliction. Il a veu ma iuftification dans ma confcience, & s'eftant fatisfaict par luy mefme de ces mouuemens interieurs, il a voulu que les hommes me iuftifiaffent deuant les hommes, & apres vne exacte recherche de mes actions, il a fait confentir mes Iuges à

A ij

me laiſſer viure. S'il n'a pas oſté les taches à ma
reputation, ce n'eſt que pour exercer la clemen-
ce de V. M. qui les effacera ſans doubte lors
qu'elle ſçaura que ma diſgrace me vient plu-
ſtoſt des malices de ma fortune que des vices de
ma vie. Mais d'autant que ce diſcours eſt faſ-
cheux, & pour la rudeſſe de mon ſtyle, & pour
la dureté du ſujet, ie ne vous en diray que ce que
ie ne puis taire.

Ce qui a long temps entretenu ces bruicts infames, dont on a deſguiſé ma reputation, n'eſt
autre choſe qu'vne grande facilité que mes ennemis ont trouuee à me perſecuter. Le peu de
nom que les lettres m'ont acquis, & le peu de
rang que ma condition me donne dans la fortune, ont expoſé mon eſprit & mon honneur ſans
deffence, au pouuoir inſolent de ceux qui l'ont
attaqué. Mon impuiſſance leur a continué ceſte
impunité, & pouſſé leur hardieſſe ſi auant, que
perdant le reſpect de l'Egliſe, & prophanant la
chaire de verité, ils en ont fait vn theatre de diffamation. On a veu mes accuſateurs en leurs
Sermons faire des longues digreſſions, & quitter la predication de l'Euangile, pour preſcher
au peuple leurs meditations frenetiques, & par
des iniures d'Athees, d'impie & d'abominable,
imprimer dans l'ame de leurs Auditeurs, l'ai-
greur & l'animoſité particuliere qu'ils auoient
contre moy. Ils parlent tout haut des Athees,
& il ne faut pas preſumer qu'il y en ait, ce ſoup-
çon eſt dangereux & coulpable, l'ignorance a
cela de mal-heureux qu'elle eſt preſque touſ-

iours criminelle, & que meſme les occaſions de
la vertu la portent ordinairement dans le vice.
C'eſt deshonnorer la grandeur de Dieu, & mal
parler de ſa puiſſance, & de ſa bonté, que d'accu-
ſer les creatures d'auoir perdu la cognoiſſance
de leur Createur, & ſoupçonner vn ſi excellent
ouurier d'auoir gaſté ſon trauail & desfiguré ſon
image. Les ſentimens de la Diuinité ſont ſi expres dans les hommes, qu'il n'y a point d'ame ſi
confirmee au peché, & ſi deſtinee à ſa perdition,
qu'elle n'aye quelque remors du mal, & quelque ſatisfaction du bien. Les conſiderations
de l'aduenir, & les penſees de la derniere condition de noſtre vie, penetrent & les plus ſubtils
& les plus hebetez, & ne nous laiſſent iamais in-
capables d'eſperer & de craindre. Chacun pre-
tend de ſe voir en fin, ou bien heureux ou mal-
heureux: perſonne ne ſe peut imaginer de de-
meurer neutre. Ma conſcience me rend vn ſi
ferme teſmoignage de ma foy, que tout ces
accuſations ne me ſçauroient pas ſeulement faire honte. On n'auoit garde de me trouuer eſton-
né de telles menaces. Ie croyois touſiours eſtre
ſans peril, pource que ie reſſentois que Dieu
cognoiſſoit bien mon ame, & que V. M. ne fut
iamais capable ny de foibleſſe ny d'iniuſtice.
Ceux qui taſchoiét à vous rendre ma vie odieu-
ſe, vous l'ont preſentee ſous le maſque qui vous
deuoit faire le plus d'horreur. Rien ne pouuoit
d'abord vous former vne auerſió de moy, comme la qualité d'impie, directement contraire à
la pieté dont V. M. eſt auiourd huy l'eſſence &

la perfection. Ces lafches & noires pratiques
s'eftant deftruites à la clarté d'vne innocence
manifefte laiffent mes accufateurs conuaincus
d'vn fcandale puniffable des peines qu'ils me
fouhaittoient. Et pour faire voir à V. M. que
cefte Apologie ne deguife point leurs procedu-
res, & ne prend aucun aduantage pour moy que
de la verité, ie m'en vay mettre deuant vos yeux
toute cefte aduanture, auec proteftation de ne
rien aduancer que ce qui eft efcrit au Greffe ne
puiffe iuftifier.

Ce premier Arreft donné par contumace
n'enonce aucunes charges & informations faites contre moy, les rufes de mes ennemis ont
furpris la religion de la Cour, & fuppofé mali-
cieufement des liures dont iauois defaduoüé &
la compofition & l'impreffion, & fait condem-
ner les Libraires par fentence du Preuoft de
Paris, mefme d'vn deffein particulier que i'auois
d'en efclaircir mes accufateurs, que la condition
de Religieux me faifoit croire plus aueuglez de
zele que d'inimitié. Ie pris le foin de leur faire
voir la condamnation des Imprimeurs abfens
& fugitifs, mais ils ont toufiours defguifé la co-
gnoiffance de mon bon droict, & par vne hypo-
crifie cruelle ont continué leurs folicitations
iufques à ce qu'vne ignominie publique leur
euft fait curée de ce fantofme qui fut bruflé en
ma reprefentation, ce qui fait efuanouyr toutes
les apparences de l'infamie que ie pouuois en-
courir par ce iugement, & qui a conuaincu l'ab-
furdité de ces iniuftes pourfuites: c'eft que le

dernier Arreſt donné en plein Parlement, & en
grande aſſemblee de Iuges, a recogneu veritable le deſadueu que i'auois fait des liures ſuppo-
ſez, comme le premier iugement fut ſans aucune preuue, ny d'eſcrits ny de teſmoinz contre
moy, auſſi l'a-t'on pourſuiuy au temps que voſtre Parlement eſtoit congedié à cauſe de la
contagion, & qu'en l'abſence du plus grand
nombre de Meſſieurs de la grand' Chambre, il
fallut extraordinairement emprunter des Iuges
des Enqueſtes pour trouuer le nombre de dix
Iuges, auquel nombre le procez de contumace
fut viſité & iugé en vne matinee ſeulement, qui
eſt pour cela peu de temps. Ie ne me plaindray
iamais de voſtre Parlement, la voix publique eſt
veritable, qui nous apprend que c'eſt où la Iuſtice eſt renduë auec integrité, & que l'innocence n'y peut eſtre opprimee. Il m'a conſerué la
vie que l'on conſpiroit de m'oſter auec l'honneur, & m'à banny ſans eſtre conuaincu que du
malheur d'auoir eſté hay. Les mieux ſenſez &
les plus Chreſtiens du ſiecle, qui ſont inſtruits
des fauſſetez de mes accuſations, accomparent
mon accident aux Arreſts qui ſouuent inter-
uiennent aux procez de ſortilege, lors que vos
premiers Iuges ont condamné à mort des pau-
ures Payſans idiots, le Parlement qui eſt l'azile
de l'innocence, iuſtifie ces miſerables, & neant-
moins ſur la diffamation les bannit du lieu de
leur demeure. C'eſt vne neceſſité de la Police,
contre laquelle ie ne murmure point, auſſi bien
ay-ie contribué quelque choſe à mon malheur,

pource que d'abord, au lieu de luy refifter, ie luy
ceday & le renforçay au lieu de le corrompre. Il
eft vray que les Iuges ne font rien par impru-
dence ny par colere. Mon abfence qui n'eftoit
que de peur, a donné des foupçons de crime, &
la fuitte que ie prenois par refpect de mes ennemis, a authorifé leur perfecution. Tandis que
mon eftonnement fembloit appuyer les pretextes de leur inimitié, V. M. faifoit paroiftre quelque trace des fauorables inclinations qui m'ont
engagé à fon feruice. Ils employoient auec licence tout l'effort & l'artifice qui pouuoit faire
reüffir leur entreprife. On m'auoit bouché tous
les Paffages du Royaume. Quelques Preuofts
de l'intelligéce de leurs cabale eftoiët toufiours
aux enuirons du lieu de ma retraitte. Leurs li-
urets, leurs Sermons, leurs vifites & leurs voya-
ges, n'auoient plus autre fujet que mon oppref-
fion. I'ay vne confolation bien glorieufe & tres-
fenfible, d'auoir recogneu que V. M. ne donnoit
aucun adueu à tous ces appareils de ma perte.
Vous preftiez voftre confentement à mon falut, & la difpofition que vous auiez à me plaindre pluftoft qu'à me punir, condamnoient la
procedure de mes parties, & deftruifoient les
aduantages qu'ils penfoient tirer de mon efloi-
gnement, vous approuuiez le foin de ceux qui
me vouloient conferuer. Monfieur de Mont-
morency remarque que V. M. m'aimoit autant
à Chantilly qu'à Londres, & l'exemple de voftre bien-veillance me feruoit de protection in-
uiolable enuers tous ceux qui auoient à cœur
                                        voftre

oftre refpeÆt & la charité Chreftienne. Le Parle-
ement imitoit voftre bonté , & par vne co-
noiffance particuliere de vos intentions me
ermettoit de fuyr lentement, & donnoit affez
le loifir à mes ennemis pour fe deidire d'vne
ourfuitte qui n'a finy qu'à leur confufion. I'e-
tois defia fur la frontiere en la meditation de
quitter ma patrie, & dans l'incertitude d'y plus
euenir, & cefte contrainte d'efloigner voftre
Cour, tenoit mon efprit dans des troubles qui
ne rendoient indifferente & la capture & l'e-
uafion. Ce changement de pays ne m'euft pas
efté fafcheux, fi Dieu m'euft fait naiftre ailleurs
qu'en France, ou fous vn autre regne que celuy
de voftre Majefté; mais voftre Empire & vos
vertus ont pour moy des amorces fi puiffantes,
que c'eft me retirer du monde que de vous a-
bandonner : auffi m'en allois ie auec des in-
quietudes & des pareffes, qui tefmoignoient affez que le danger de mourir en voftre Royaume m'affligeoit moins que le regret d'en fortir,
Cefte apprehenfion ne laiffoit point de repos en
mon ame. I'eftois defia dans les fupplices dont
mon emprifonnement m'a retiré, & fi la vio-
lence de mes ennemis n'euft precipité le deffein
de ma ruyne, i'euffe toufiours reculé à ma iuftifi-
fication, & on n'euft iamais defcouuert mon innocence ny leur impofture. Lors que i'eftois
aux termes de relafcher à leur fureur, & que la
patience de V. M. & des Iuges leur donnoi, &
le temps & le confeil de fe moderer. Vn homme qui fait profeffion de Religieux, & qui a fait

le dernier vœu, s'aduifa de corriger voſtre cle
mence, & n'eſtant hardy que de ma timidité
s'aduentura de me tendre les pieges dont il f
trouue encore enueloppé. Il auoit à fa deuo
tion vn Lieutenant du Preuoſt de la Conneſta
blie nommé le Blanc, fon confident particulie
celuy-là print vn tel foin de luy rendre ceſt
complaifance, & fe trouua fi puiſſant dans ceſt
commiſſion,qu'vne place qui peut fouſtenir de
fieges Royaux fe trouua fi foible pour ma pro
tection. Ce Religieux qui difpofa fi abfolumen
de cet officier de Iuſtice, & qui trouua le gou
uerneur de voſtre Citadelle fi facile,c'eſt SIRE
le Pere Voifin Iefuiſte, qui par vne fantaifie de
reglee, & par vn caprice tres-fcandaleux, s'e
ietté dans la vengeance d'vn tort qu'il n'a poin
reccu, & s'eſt forgé des fujets d'offence, pou
auoir pretexte de me hayr. Ie dirois à voſtr
Majeſté les fecrettes maladies de cét efprit, fi
n'eſtoit vne inciuilité criminelle que de vous e
entretenir: cét homme-là efgaré de fon fens, &
tres ignorant du mien, a fait gliffer dans des
mes foibles vne fauffe opinion de mes mœurs
de ma confcience, & proſtituant l'authorité d
fa robbe à l'extrauagance de fa paffion. Il a fai
efclat de toutes ces infames accufations, dont
fait auiourd'huy penitence. Il a penetré tous le
lieux de fes cognoiffances & des miennes, pou
y refpandre la mauuaife odeur qui auoit rend
ma reputation fi odieufe. Il a fuborné le zel
d vn pere eſtourdy, qui a vomy tout vn volum
pour defcharger la bile de fon compagnon, c'e

l'Autheur de la Doctrine curieuse, & de quelques autres liures outrageux, à qui ma seule dif-
grace semble auoir donné des priuileges,& dont
les crimes n'ont trouué de l'impunité qu'en la
faueur de ceste animosité publique,qui authori-
se tout ce qui me peut iniurier. Le rapport de
l'erreur populaire à ces genies malins, & certai-
ne conformité des enuieux & des ignorans, m'a-
uoit suscité vne haine si generale , & tellement
alteré les sentimens des gens de bien , que chacun auoit interest à me deshonorer , & que per-
sonne ne pouuoit estre sauué s'il ne taschoit à
me perdre. Cela me mit des espions par tout,
mes plus seures confidences m'estoient des em-
busches, & le lieu de mon azile fut celuy de ma
prise. La franchise & la confiance , qui suiuent
ordinairement les Innocens , m'ostoient les
soins de ma seureté,& me tenoient tousiours à la
mercy de la trahison. Ie ne pouuois prendre aucun ombrage du danger le plus apparent, & me
trouuois fort nonchalant à l'esuiter : ma con-
science m'asseuroit de ma probité , & vostre Iustice m'asseuroit de mon salut. Les crimes qu'on
m'imputoit sont de telle nature, que si i'en eusse
esté capable Dieu ne m'eust pas permis de viure
sous le regne de LOVYS LE IVSTE, &
ceste ardente affection, que i'ay pour vostre ser-
uice, ne sçauroit compatir auec des inclinations
peruerses. Ie croy que vous aymer c'est estre
homme de bien ; & ie suis si asseuré de l'vn que
ie ne puis me deffier de l'autre, si les resmoigna-
ges que ie vous en ay rendus n'o t iamais esteu

faire ny mon deuoir ny ma volonté : c'eſt que
Dieu ne m'a pas donné aſſez de fortune pour a-
uoir de l'employ aupres de voſtre Majeſté, ny aſſez d'eſprit pour le meriter. Ceſte baſſe & facile occupation des vers ne ſatisfait point mon
ambition , & ſe trouue inutile à vos loüanges :
pource que voſtre Majeſté ayant meriré tout ce
que les plus grands Roys ont iamais acquis de
gloire : tous ceux qui les ont loüéz ont eſcrit
pour vous , & apres tant de liures & tant de ſta-
tuës , ie croy que la plus entiere image de leur
valeur , c'eſt voſtre courage , lequel il n'eſt pas
beſoin que ma plume faſſe paroiſtre , puis que
vos exploicts l'ont deſia fait voir à tout le monde. Si ceſte conſideration vous rend auiour-
d'huy tous les eſcriuains inutiles , ie ne dois pas
eſtre le ſeul puny de ceſte impuiſſance, les autres
approchent voſtre perſonne, & ie ſuis banny de
voſtre Royaume, ils ont les plaiſirs de la Cour
auec des recompenſes , & ie n'ay pas ſeulement
l'vſage de la vie qu'auec des peines : ie n'enuie
point leur condition , mais ie me plains de la
mienne. Ie ſuis l'exemple de la plus longue &
plus dure calamité de noſtre ſiecle. Il n'y a
point d'homme qui aye des appetits ſi delicats
pour la vie , ny de ſi tendres ſentimens pour la
volupté, qui n'aymaſt mieux ſe priuer de l'vn &
de l'autre par des tourmens les plus exquis, que
de ſouſſrir la ſale & le cruel traittement d'vne ſi
longue priſon que la mienne. Si Dieu ne m'euſt
tant auſſi e d'vn temperament robuſte, & d'vne
conſtitution bien faite, ie ſuſſe mort mille fois

le plusieurs incommoditez, dont, Dieu mercy,
e n'ay pas esté seulement malade : on m'a traitté
deux ans durant auec des rigueurs capables de
consommer des pierres ; d'abord que ie fus pris
on me tint pour condemné, ma detté ion fut vn
supplice, & les Preuosts des executeurs, ils e-
toient trois sur chacun de mes bras, & autour
de moy autant que le lieu par où ie passois en
pouuoit contenir : on m'enleua dans la chambre du sieur de Meuilier pour y faire mon procez verbal, qui ne fut autre chose que l'inuentai-
re de mes hardes & de mon argent, qui me fut
tout saisi. Apres mon interrogatoire, qui ne
contenoit aucune accusation, Monsieur de
Commartin m'asseura que i'estois mort, ie luy
respondy que le Roy estoit Iuste & moy inno-
cent ; de là il ordonne que ie fusse conduit à S.
Quentin, par où il prenoit son chemin, à fin de
reioindre Monsieur le Conneftable qu'il auoit
quitté pour assister le Preuost à ma capture. On
m'attacha de grosses cordes par tout, & sur vn
cheual foible & boiteux, qui m'a fait courir plus
de risque que tous les tesmoins de mes confron-
ations. L'execution de quelque criminel bien
celebre n'a iamais eu plus de foule à son specta-
cle que i'en eus à mon emprisonnement. Sou-
dain que ie fus escroüé on me deuala dans vn cachot, dont le toict mesme estoit sous terre : ie
couchois tout vestu, & chargé de fers si rudes &
si pesans, que les marques & la douleur en de-
meurent encor en mes iambes ; les murailles y
suoient d'humidité, & moy de peur. Ie vous

confesse, S I R E, que ie ne me trouuay ny affez brutal, ny affez Philofophe, pour me refou-
dre promptement en vn accident fi outrageux.
Ie fentis vn grand defordre en tous les mouuemens de mon ame, mon vnique recours dans
ceſte folitude fi ferree & fi obfcure, ce fut ma
priere ardente, que i'adreſſay au Fils du Dieu vi-
uant. Et les vœux que ie fis à fa Mere, *Ad Domi-
num cum tribularerc lamaui & exaudiuit me.* Et combien que ma deuotion fembloit alors forcee, elle eſtoit pourtant veritable, mes pechez qui font
infinis, n'ont point retardé le fecours de la mife-
ricorde diuine, dont i'ay reſſenty des effects fi
puiſſans, que depuis ces premieres efpouuantes,
mon ame n'a iamais efté fans efperance & fans
confolation : ce qui renforçoit beaucoup mon
aſſeurance, c'eſtoit vne ferme perfuafion que i'a-
uois du folide & parfait iugement de voſtre Majeſté, qui ne cognoiſſoit pas fi peu ma vie, qu'il
ne la trouuaſt digne d'eſtre examinee auant que
condemnee. Ie paſſois ces premiers iours de ma
captiuité dans des incommoditez tres-rigou-
reufes, & dans des viues apprehenfions de mon
procez, qui m'a toufiours efté plus à craindre,
pour la puiſſance de mes ennemis, que pour
mon crime. Et fans bleſſer l'integrité des autres
corps de Iuftice, ie crois que l'aduantage que
voſtre Majeſté m'a faict, de laiſſer ma caufe à la
Cour de Parlement de Paris, a beaucoup dimi-
nué mon danger. Ces Iuges-là, S I R E, ne trom-
pent perfonne, & ne fçauroient eſtre trompez.
Ils enuoyerent la compagnie de deffunctis à S.

Quentin, pour de là me conduire à la Concier-
gerie du Palais.

I'eſtois bien aiſe d'aller rendre compte de ma
vie deuant des gens que ie ſçauois eſtre capables
de la bien meſnager : mais la rudeſſe de ceux qui
m'amenerent troubloit vn peu mon eſperance,
& me faiſoit craindre la paſſion de quelques par-
ticuliers, qui pouuoient leur auoir recommandé
ceſte ſeuerité : mes accuſateurs ont des inſtru-
mens de toute nature, & condition par tout. I'e-
ſtois monté encore plus mal que de l'ordonnan-
ce de Monſieur de Commartin, & attaché tout
le long du voyage auec des chaiſnes, ſans auoir
la liberté du ſommeil ny du repas, & ſans quitter les fers ny nuict ny iour : on ne ſuiuit iamais
le grand chemin, & comme s'il y euſt eu des
deſſeins par tout à m'enleuer, les troupeaux,
ou les arbres vn peu eſloignez leur donnoient
quelques allarmes aſſez ridicules, que ie re-
ſerue à mes vers, plus capables de ceſte pein-
ture que la proſe : Eſtant arriué à la Concier-
gerie, dont la preſſe du peuple m'empeſchoit
l'entree, ie fus enleué dans la groſſe tour & por-
té tout d'abord dans le meſme cachot, où le
plus execrable parricide de la memoire a eſté
gardé : on y renferma deux gardes, qui furent
quatre mois dans le cachot, auec auſſi peu de
liberté que i'en auois, le chagrin & les maladies
qui ſont preſques ineuitables en ce lieu là, leur
firent à la fin donner licence de ſortir : depuis
on m'aſſocia des priſonniers appellans de la
mort. Apres auoir eſté ſix mois dans vne tres-

grande impatience de me faire ouyr. Monfieur
le Procureur General me fit l'honneur de me
venir voir, fur le bruit qu'il euft d'vne abfti-
nence extraordinaire dôt ie me macerois depui
quelques iours. Il me parla auec des ciuilitez
que ie n'euffe pas merité mefme en l'eftat de m
liberté, & commenda tres-expreffement à ceu
qui auoient charge de moy, de me gouuerne
auec toute la douceur, que la neceffité de leu
deuoir me pouuoit faire efperer. En cela il a eft
toufiours tres mal obey, car ces gens-là fans f
contenir, mefme dans la rudeffe permife au
Guichetiers les moins humains, ont paffé a
dela de la felonnie des hommes les plus barba
res. Ie ne fçaurois, auec le refpeĉt que ie dois
voftre Majefté, luy dépeindre les faletez & l'hor
teur, ny du lieu ny des perfonnes, dont i'eftoi
gardé, ie ny auois de la clarté que d'vne petit
chandelle à chaque repas, le iour y efclaire f
peu, qu'on n'y fçauroit difcerner la voute d'auec
le plancher, ny la feneftre d'auec la porte. Ie n'
ay iamais eu de feu, auffi la vapeur du moindr
charbon n'ayant la dedans par où s'exhale
m'euft efté du poifon, mon lict eftoit de tell
difpofition que l'humidité de l'affiette & l
pourriture de la paille y engendroit des vers
& autres animaux qu'il me falloit efcrafer
toute heure, diuers prifonniers qui ont eft
auec moy, s'ils en font fortis pour viure peu
uent verifier mes plaintes, L'on me nour
riffoit de la penfion, qu'il a pleu à voftre Ma
jefté de me continuer, mais mon manger &
mo

mon boire eſtoit tel, qu'ils ſembloient auoir
receu pour me faire mourir, l'argent que vous
leur donniez pour me faire viure, & comme ſi
les cruautez d'vn tel entretien n'euſſent peu dō-
ner aſſez d'exercice à leur malice, ils s'ingereɩét
dans mes affaires,& trompant la facilité que i'ay
touſiours euë, de donner ma confidence à ceux
qui la demãdent. Par diuerſes ruſes,ils attrapeɩét
tous mes ſecrets, qui ſe ſôt par la grace de Dieu
trouuez à ma iuſtification. Pour vn teſmoignage
plus manifeſte de la fureur extraordinaire, qui
les animoit contre moy, c'eſt que durant tout le
temps d'vne ſi dure captiuité, où toutes ſortes
d'objets, de frayeur & de peine,me tenoit touſiours en neceſſité de conſolation, il ne me fut
iamais permis de communiquer auec vn Religieux, ny de me faire donner vn chapelet. Il
ſembloit qu'on euſt pris à taſche de me faire pe-
rir le corps & l'ame, c'eſt alors que mes accuſateurs faiſoiēt retentir les Egliſes de meſdiſance,
dont l'Hoſtel de Bourgongne euſt eſté ſcandali-
ſé. C'eſt lors, SIRE, que le Pere Guerin fit vn
voyage expres en Bretagne, pour ſuborner des
teſmoins cõtre moy: ce que ie verifieray par des
Conſeilliers de la Cour de Parlemēt de Renes,
& luy meſme a eu l'audace de depoſer, mais il
n'a oſé ſouſtenir la confrontation: le Pere Chail-
lou ſuperieur des Minimes,qui eſt en reputation
d'auoir bon ſens & bonne cõſcience, repreſenta
à ſes confreres, les affrons que ce detracteur faiſoit ordinairemēt à leur Conuent,ſi bien qu'on
ſe reſolut de le faire ſortir de Paris, où les im-

C

prudentes fe faifoient auec trop d'efclat. Ie fe-
rois bien-heureux, fi les compagnons du Pere,
Garaffe m'auoient donné fubiet d'vn reffenti-
ment pareil. Le Pere Margaftant fuperieur des
Iefuites de Paris, apres m'auoir dit plufieurs iniures dans fon College, s'en alla folliciter Monfieur le Lieutenant Ciuil, pour faire donner
main-leuee aux Imprimeurs de ce ramas de
bouffonneries & d'impietez de Garaffus que
i'auois fait faifir. Le Pere Voifin a efté chez
plufieurs de mes fuges à leur demāder ma mort,
pour la deffence de la Vierge & des Saincts dont
il leur recommandoit la caufe, & voir, SIRE,
tout le fondement de ces crieries impudentes
dont ils ont fi long temps agité mon innocence,
& tout ce que ce long trauail de perfecution a
peu produire contremoy.

La Cour ayant deputé, Meffieurs de Pinon
& de Vertamond, pour inftruire mon procez,
on me fit fortir du cachot où i'auois efté fix
mois fans voir la clarté, & on m'amena deuant
eux dans la fale de fainct Louys où le grand air
m'efblouyt d'abord, & faillit à me faire pafmer
apres auoir leué la main, & dit mon nom, mon
pays, mon aage, & ma profeffion, on me deman-
da fi i'eftois Catholique Romain, & fi ie l'auois
toufiours efté. Ie refpondis qu'il y auoit peu de
temps que i'eftois Catholique, & qu'auparau-
ant i'auois toufiours fait profeffion de la Reli-
giòn pretēdüe reformee: que ie m'eftois inftruit
en la Foy Romaine par les conferences du Pere
Athanafe, du Pere Arnoux, & du Pere Segui-

rand entre les mains de qui i'auois faict mon
abiuration ; Monſieur de Pinon me remonſtra
que i'auois mal fait mon profit des inſtructions
de ces bons Peres, & que i'eſtois tenu pour vn
homme qui ne croyoit autre Dieu que la nature. Ie repliquay que i'eſtois tenu pour tres-
homme de bien par tous ceux qui me cognoiſ-
ſoient , & que mes accuſateurs parloient ſans
preuue ny apparence, & qu'ils eſtoient calomniateurs & impoſteurs. Monſieur de
Vertamond contribuant peut-eſtre vn aduis
à ma iuſtification , repartit qu'il n'y auoit
point d'apparence que ie fuſſe vn Athee, puis
que pour faire veoir au public que i'auois des
ſentimens de la diuinité tels qu'vn Chreſtien
les doit auoir. I'auois fait vn liure de l'immor-
talité de l'ame qui rendoit raiſon de ma creance. Cela eſtoit dangereux pour vn eſtourdy ou
pour vn meſchant ; mais moy qui auois l'eſprit
tendu à ma iuſtification, & qui pour ne m'eſga-
rer n'auois autre chemin à ſuiure que celuy de
la verité, ie reſpondis que ie n'auois point com-
poſé ce liure-là, que c'eſtoit vn ouurage de Platon, que ie l'auois traduit ſans m'eſtoigner du
ſens de l'Autheur,& que ce n'eſtoit point par où
ie rendois raiſon de ma foy, que pour monſtrer
que i'eſtois Chreſtien , i'allois à la Meſſe, ie
communiois, ie me confeſſois. On m'allegua
quelques paſſages de ce traitté, dont ie me ſuis
entierement iuſtifié, Sainct Auguſtin , qui ne
parle iamais de Platon ſans admiration, m'a
fourny dequoy faire approuuer la peine que

i'ay prife en cefte traduction. Apres l'examen
de cefte verfion ou paraphrafe fur l'immortali-
té de l'ame, on ne me trouua conuaincu : ie ne
dis pas, S I R E, d'vne impieté, mais non pas
feulement de la moindre irreuerence contre
l'Eglife : Mefme il y a plufieurs endroits que
i'ay en quelque façon defguifez pour les tour-
ner à l'aduantage de noftre creance. Les Libraires ont imprimé en fuitte de ce traicté quantité
de mes vers, auec les ignorances que i'y ay laif-
fees, & auec les crimes que mes ennemis y ont
adiousté ? I'ay efclarcy la Cour de tout ce qui
eftoit de ma compofition, & rendu toutes mes
penfees manifeftement innocentes. On m'ap-
porta d'autres faicts fur la profe d'vn fecond to-
me imprimé en mon nom : mais ie fis voir clairement l'impertinence des accufateurs, qui par
des fubftilitez fcholaftiques auoient embroüillé
le fens de mes efcrits, & d'vne malice aueugle,
penfant profiter de mon peu de memoire pro-
duifoient des periodes imparfaictes en des cho-
fes, ou le mefconte d'vne fyllabe, peut d'vne
penfée innocente faire vn crime. Meffieurs mes
Commiffaires eftoient bien aifes que i'euitaffe
les furprifes, & fe monftrerent toufiours auffi
prompts à me iuftifier qu'à me conuaincre.
Apres que ie me fus purgé de tout ce qu'on
pouuoit reprendre ou foupçonner contre moy,
dans ces deux tomes qui portent mon nom, on
me prefenta vn liure intitulé, *le Parnaffe des vers
Satiriques*, dont i'eftois acculé auoir compilé les
raplodies, & les auoir mifes en vente : l'appor-

ay pour ma deffence la fentence du Preuoſt de
Paris, obtenuë contre les imprimeurs, & fup-
pliay la Cour de confiderer que i'eſtois le premier de ma profeſſion, qui par vne affection
ux bonnes mœurs, & pour oſter le fcandale
public, auoit fait fupprimer de telles œuures.
Ayant annulé toutes les charges que ces liures
me pouuoient mettre fus. Ie croyois auoir finy
es interrogatoires qui furét de trois iournees &
m'attédois à iouïr du priuilege d'vn peu d'eſlar-
giſſement qu'on ne me pouuoit refuſer felon les
ormalitez du Palais: mais l'ypocuiſie effrontee
de ceux qui follicitoient ma mort, auoient rédu
mon affaire de telle importance, & fait eſtimer
ma deliurance ſi dangereuſe, qu'il falluſt donner alleine aux calomniateurs, & leur accorder
la licence de redreſſer les embufches que i'a-
uois efuitees iufques là. On me remit dans
le cachot pour quatre mois, durant lefquels les
Guichetiers me continuerent leur inhumanitez
auec tant d'excez, qu'on euſt iugé qu'ils crai-
gnoient plus mes ennemis, qu'ils ne refpe-
ctoient leur Maiſtres. A la feconde attaque, qui
fut de quatres iournees en nouueaux interrogatoires, on me reprefenta plufieurs manufcrits
& de mes amis & de moy, où il ne fe trouua,
Dieu mercy, non plus de crime qu'aux accufations precedentes. Le Pere Garaſſus auoit mali-
cieufement alteré quelques vers en mon Elegie
à Thirſis, dont ie me fuis iuſtifié par mon ma-
nufcrit, qui s'eſt trouué tout contraire à l'imprimé de ce fauſſaire. Tout ce que i'ay compo-

sé & aduoüé est encore dans le Greffe. Si i'estois assez heureux pour le faire confronter à la supposition de Garassus, luy qui fait tant le subtil, & qui prophane si impudemment la dignité de sa profession, se trouueroit conuaincu d'vne faussete punissable du feu, aussi bien que son Compagnon, qui se trouue coulpable d'auoir suborné des tesmoins, & dont la conuiction est à la cognoissance de la Cour. Permettez moy, SIRE, de vous descouurir ceste imposture & prenez la peine d'ouyr les friuoles & calomnieuses depositiõs des principaux qui m'ont esté confrontez. Le premier ce nomme Anisé Adnocat, qui se fit luy mesme tant de reproches, & se couppa si souuent, que Monsieur de Vertamond ne se peut tenir de rire de ses absurditez, eet hõme là qui me fut confronté auec la grauité de la robe & du bonnet carré, tesmoignoit m'auoi ouy dire, que quand ie couchois sur la dure cela me mettoit en humeur. Ces impertinences me font rougir: & supplier tres humblement vostre Maiesté de pardõner à la necessité qui m'oblige à les dire par leurs termes: & non par les miens: il adioustoit encore que certain Pauie, à qui ie n'ay iamais parlé, l'auoit entretenu d quelques discours prophanes qu'il supposoi venir de moy, le sens en estoit, que ie disputoi si l'ame estoit dans le sang. C'est vn discour de Philosophie, dont ie ne suis point capable, i ne m'importe qu'elle soit dans le sang ou ailleurs, pourueu qu'au sortir du corps ie sois as seuré qu'elle ne pert point son estre. Le second

tefmoing eft vn homme vagabond,& fans autre
appuy que du Pere Voifin, qui l'a entretenu
aux efcoles depuis douze ans, il fe nomme Sa-
iot, fon pere le desherita pour d'eftranges re-
bellions qui luy auoit faites dés l'aage de feize à
dix-feptans, & couroit rifque de paffer fa vie
dans de grandes neceffitez; s'il ne fe fuft rendu
agreable au Pere Voifin,qui fe ioignit à luy d'vne
affection fort particuliere; quoy que ce garçon
fut alors dans vne reputation tres-honteufe,
depuis le commerce qu'il euft auec ce Religieux, il n'amenda point fa vie, car ces defbor-
dements qu'il continuoit au fcandale du College, luy firent interdire la conuerfation de quelques efcoliers de la Fleche, qu'il auoit tafché
de corrompre. La contrainte de luy donner
des reproches, m'a fait declarer quelques vnes
de fes infamies, qui l'ont fait pleurer à la confrontation: & d'autant que les larmes ne fe peuuent efcrire, le Greffier qui eft homme de bien
tefmoignera cefte verité. Sçachant bien que fa
trahifon luy feroit inutile fi ie venois à la def-
couurir, pource que ie ne fçauois fes crimes, il
changea fon nom & fon pays, ce qui merite pu-
nition exemplaire. Nonobftant ce defguife-
ment, le regardant fixement aux yeux, il me re-
uint quelque image d'vne perfonne, que des ac-
cidents tres notables auoient rendu fignalé;
l'ayant recogneu, ie dis modeftement quelques
fecrets de fa vie, affez capables d'affoiblir fa depofition. Il ne nia point qu'il n'euft efté en
fes ieunes ans difciple du Pere Voifin : aduoüa

que depuis leur premiere cognoiſſance, ils s'eſtoient entretenus d'vne amitié tres eſtroitte, & d'vne confidence qu'ils n'ont iamais interrompuë, qu'ils auoient communicqué enſemble leurs accuſations contre moy, & que le Pere Voiſin l'auoit induit à depoſer. Il y auoit pour le moins quinze ans que ie n'auois veu Sajot, il depoſe que depuis trois ans, il m'auoit ouy dire des vers ſales & prophanes, dont à la verité il ne ſe ſouuient point; il m'accuſe notamment auoir dit, que ie ne croyois autre choſe que IESVS-CHRIST crucifié : & inferé de là que ie tiens les ceremonies de l'Egliſe peu neceſſaires; ie le preſſay de me nommer le lieu où il pretendoit m'auoir veu, en preſence de qui, en quel iour, & à quelle heure i'auois parlé à luy; il reſpondit qu'il n'en ſçait rien, & confeſſe touſiours que le Pere Voiſin luy a dit, qu'il eſtoit obligé de depoſer contre moy. Il ſe trouue, SIRE, que cét homme-là eſt aux gages du Pere Voiſin, qu'il eſt nepueu d'vne Dame Mercie, qui contribuë auſſi à la nourriture de Sajot, ceſte femme eſt confidente du Pere Voiſin, & du Preuoſt le Blanc: car auſſi toſt que ie fus pris, le Blanc s'en coniouyt par lettre auec le Pere Voiſin, & addreſſa ſon pacquet à la Dame Mercie, qui communique ordinairement auec ce Religieux, la lettre m'eſt tombee entre les mains; il y auoit entre autres termes de reſpect. Pour ce Pere qu'il m'auoit ſi ſoigneuſement veillé, qu'en fin il m'auoit attrapé, ſelon le commandement qu'il en auoit receu de ſa reuerence

uerence. Il me fut encore confronté vn fourd,
nômé Bonnet, Aduocat à Bourges, qui depofoit
m'auoir ouy dire en la prefence du P. Philippes,
Capuchin, qu'il y auoit des gens qui fe repenti-
roient de m'auoir retiré de la defbauche; Le Pere Philippes a rendu des tefmoignages tous con-
traires à cefte impofture. Tous les autres tefmoins horfmis vn que ie diray apres, ne m'ac-
cufent point de mauoir iamais veu faire, ny
ouy dire quelque chofe de reprehenfible ; Ils
ne cognoiffent pas mefme ma perfonne, &
n'ont autre inftruction que les liures & les Sermons de mesaccufateurs. Icy ie ne puis me taire de l'integrité de Monfieur le Procureur general, qui ayant pris le foin d'en examiner quel-
ques-vns, mefmes des Libraires, qui confef-
fent auoir pris part en l'impreffion du Parnaffe
Satyrique:il a fi bien fondé cefte verité, que tous
les tefmoins qu'il a produicts n'ont parlé qu'à
ma defcharge. Celuy qui refte fe refolut de me
faire vn pur affaffinat : car fans accompagner fa
depofition d'aucune circonftance, ny couurir
d'aucun pretexte les calomnies qu'il m'impro-
peroit, il fit vne coppie de tout ce qui eft de plus
execrable dans le parnaffe Satyrique : & fans
m'accufer toutesfois d'auoir rien contribué à la
compofition.

Il me fouftint en Iuftice, qu'il auoit apris par
cœur ces vers infames à me les ouyr dire plufieurs fois, & en diuerfes compagnies où il auoit
eu ma frequentation, depuis dix ou douze ans
qu'il difoit me cognoiftre. Ie n'eus point d'au-

D

tre reproche à luy faire, finon que ie ne le cognoissois point du tout, & priay Monsieur de
Vertamond de luy faire dire le lieu ; & les per-
sonnes qui pouuoient faire foy de sa deposition,
il ne sceust dire, ny ruë, ny maison où il m'eust
veu, ny ne se peust ressouuenir d'vn seul homme
parmy tant de conuersations.   Là ie priay la
Cour de confiderer, que cest hommes incapa-
ble de se ressouuenir des maisons & des person-
nes qui font obiets, fort apprehensibles à la memoire, n'estoit pas croyable de se ressouuenir
d'vn vers, qui n'est qu'vn son, & ie le voulu obliger d'en reciter quelqu'vn, mais le tefmoin fe
trouua muet ; Ie m'apperceus encore, que dans
les premiers interrogatoires, on m'auoit repre-
senté vne ligne de profe pour vn vers, qui me dô-
na des ombrages d'vn faux tefmoin. Ie trouuay
dans cefte deposition ce vers là qui estoit failly,
tout de mefme dans l'impreffion du Parnaffe
Satyrique : fi bien qu'il appert clairement, qu'il
a retenu cefte faute des Imprimeurs, & non pas
de moy, pource que les moins verfez dans la
Poëfie ne fçauroient faillir en la mefure des fyl-
labes, la condition de la perfonne rendoit auffi
fon tefmoignage tres fufpect : car vn homme
de fa forte ne fe trouue pas ordinairement à
ouyr des vers, c'eft vn Boucher de la ruë Sainct
Martin nommé Guibert. Voila, SIRE, la fom-
me de toutes les charges qui ont fi long temps
entretenu les efperances orgueilleufes de quelques hypocrites, qui ne fçauent monftrer leur
deuotion que par la cruauté, & qui croyent que

hors de leur cabale il n'y a point de falut. Ils murmurent encore apres mon Arreft, & ne fe peuuent fatisfaire de la iuftice de Dieu, & de celle du Parlement, pource qu'ils n'ont pas du tout accomply leur haine. Ils cherchent tous les iours des pretextes nouueaux à r'allumer leur perfecution, font courir en mon nom des vers mal faits & malicieux, qui des-honorent la reputation de mes mœurs & de mon efprit ; ils ne difent pas que ie vay tous les iours à la Meffe, que i'ay fait mon bon iour deux fois depuis la fortie de ma prifon. Ils me iettent tous les iours des amorces à m'attirer à la defbauche, pour blafmer ce qu'ils defirent, & fe plaindre de ce qui leur plaift. Ils firent par d'eftranges rufes glifter dans mon cachot certains mouchars, qui efpioient felon la portee de leur efprit tous les mouuemens du mien, & lors qu'il y defcouuroient quelque defpit contre les longues iniures de ma captiuité, ils fe mettoient à detefter leur calamité, iurer contre Dieu, & l'accufer d'iniuftice, pour m'obliger à blafphemer à leur exemple. Me reprefentoient l'idifference où ils difoient que voftre Maiefté laifloit vn fi grand perfonnage que moy. Leurs folicitations à me faire pefcher contre Dieu & contre V. M. ont efté aufli inutiles que leurs tefmoins. Ie n'ay point de defir plus ardent, n'y d'ambition plus legitime, que de me maintenir au deuoir d'vn bon Chreftien, & d'vn vray François. Cefte refolution a des racines fi profondes en mon ame, qu'on ne les verra iamais branfler pour toutes

D ij

les secousses de ces mauuais demõs, ennemis de la Religion & de l'Estat. Ie serois bien reprouué & bien ingrat, si ie ne cognoissois en ma deliurance vne marque de la misericorde Diuine, & de la iustice de vostre Majesté. Lors que i'estois enseuely dans ces tenebres & ses infections de cachot, parmy les soins continuels d'vn procez, qui m'attaquoit à l'honneur & à la vie : parmy tant de subiets de deseperer vne ame foible, il n'y auoit point de paroles qui s'offrisent plus fauorablement à exprimer ma pensee que celles du Roy Dauid, qui est à mon iugement la regle & l'ame de la deuotion ; la lecture continuelle de ses Pseaumes m'animoit auec tant de force & de plaisir, que cet exercice me tenoit aussi bien lieu de diuertissement que de priere. Iamais toutes les delicatesses des Poësies prophanes ne m'ont touché si tendrement ny si viuement que les fermes & eloquentes meditations de ce Prophete ; i'en ay la plus part dans la memoire & toutes dans le cœur. I'espere qu'a l'aduenir les conceptions de mon ame & le train de ma vie retiendront quelques traces d'vne si saincte & si necessaire pieté. Ma premiere occupation, s'il plaist à vostre Majesté d'agreer que ie viue, & que i'escriue, se donnera à corriger tout ce que les Theologiens les plus exacts trouueront de licentieux dans ces liures qu'on a imprimez si souuent en mõ nom, & auec tant de desordre.

C'est par où ie dois iustifier tous ceux qui se sont engagez dans mon malheur, & qui dans vn

fi grand peril de mon honneur ont ofé me continuer les tefmoignages de leur amitié. Ie feray
cefte fatisfaction au public, dont l'aplaudiffe-
ment & l'amour fe monftre auiourd'huy vifiblement pour moy, & ie meriterois fa haine fi
ie luy refufois vn deuoir que fa curiofité & fon
affection me demandent fi iuftement. Ie laiffe-
ray cependant mes ennemis fans replique, & ne
tafcheray point par ma vengeance, ny d'em-
pefcher, ny d'irriter l'humeur ou le plaifir qu'ils
ont à mefdire de moy. Si leur fureur leur a fait
faire des iniuftices, ie ne veux point faillir à leur
exemple. I'ay l'efprit froid à la mefdifance; ie
n'ayme point les affronts, c'eft pourquoy ie
n'en fais point; s'ils ont fait des mefchans liures
qu'ils les defaffent eux-mefmes. Leurs folies
m'apprennent d'eftre fage. Et pour les affeurer
que ie ne prendray iamais la peine de leur en
faire, ie leur promets de ne commancer iamais à
les reprendre, qu'apres que i'auray affez loüé
voftre Majefté.

De V. M.

*Le tref-humble, tres-obeyf-
fant & tres-fidele fubiet
& feruiteur,*
THEOPHILE.